여백에 세 든다

- 비워둔 자리의 숨결 -

정기현 시집

시음사
시사랑음악사랑

시인의 말

한때는
가득 채워야만 살아 있다고 믿었습니다

말로, 사람으로
시간으로 나를 채웠지요

그러다 알았습니다
고요 속에 서면
내 목소리가 들리지 않는다는 걸

그때부터 조금씩 비우기로 했습니다
비움은 잃음이 아니라
남겨둠의 다른 이름으로

이 시집은 그 빈자리에서 들려온
작은 숨들의 기록입니다

아주 조용히,
한 번쯤 읽히길 바라는 마음으로
이 시들을 꺼내놓습니다

2025년 어느 가을에
시인 정기현

프롤로그

여백에 세 든다

지난날의 나는
빈방의 고요를 견디지 못했다

벽 틈을 스치는 바람에도
외로움이 흔들렸고
나는 불빛처럼 나를 채웠다

말들로, 약속으로, 사람들로
모서리마다 숨을 눌러 넣었다
그렇게 살아야 살아 있는 줄 알았다

그러던 어느 저녁,
식은 찻잔 속 먼지가 춤을 추었다
그 순간, 세상은 아무 말 없이
내 안을 비추었다

이제 나는 여백에 세 든다

문장과 문장 사이
입김이 남은 창가의 공기 속
사라진 이름들의 그림자 옆에서

햇살이 천천히 내려앉고
바람이 내 어깨에 귀를 댄다

나는 아무 말도 하지 않는다
그저 멀리 기울어지는 빛을 본다

그 빛이 내 안을 적시며
조용히 묻는다

"채운 것보다
남겨둔 것이 더 아름답지 않으냐"

- 목차

1부. 여백의 숨결

푸른 메아리 12
종점역 무성영화 14
붕어빵 15
인생 수선집 16
풀꽃이 먼저 울었다 18
소라게의 편지 19
오늘도 바람 탑니다 20
엄.마. 22
숨결로 끓인 갯벌 24
몽당연필이 쓰는 가을 25
여름에 빠진 이 26
방 안의 작은 궁전 27
어무이 집 28
민들레 교실 29
엿장수 마음법 30
남긴 편지 31
꽃잎처럼 32
붉은 비밀 33
첫눈은 입술에 닿지 않는다 34
찻잔 속 한 컷 36
산불 37
앉아 보세요 38

2부. 그림자의 자리

외도에 피는 연애 ······················ 40
약국보다 먼저 ···························· 41
이명(耳鳴) ································ 42
달빛의 밀어 ······························ 43
호박등처럼 ································ 44
하얀 손짓 ································· 45
머리숲에 핀 봄 ·························· 46
보글보글, 겨울 ·························· 47
경로를 재탐색 중입니다 ············· 48
도심 속의 심해 ·························· 49
운동화의 일기 ··························· 50
파도가 접은 편지 ······················ 52
빈 그릇이 웃었다 ······················ 53
불판 위의 인생 ·························· 54
0의 가치 ································· 55
베개 ·· 56
바다로 간 갈등 ·························· 57
빨대를 찬 암도둑 ······················ 58
소인을 찍어요 ··························· 60
꽃잎으로 덮은 얼굴 ··················· 61
수리안전답 ······························· 62
노을 앞에서 ······························ 64

- 목차

3부. 빛의 언저리

겨울의 눈 웃음................66	세상에 하나뿐인 엽서시 (외손녀에게)................80
환절기 마음 날씨................67	어머니라는 계절................81
능청스러운 능금................68	11월이 묻는다................82
무게를 끄는 사람들................70	이상한 풍경화................83
우리가 만든 구멍................71	차가운 온기 (구스다운)........84
골목 전쟁................72	분주하다................85
허리 굽은 기도................74	디지털 해녀전................86
어머니의 메아리................75	뻥튀기................87
파도, 그 여름의 민낯................76	감정 다리미................88
헬륨 풍선에 부치는 동심.....77	울음을 잊지 못한다................89
달은 호박 부침개................78	
글로벌 러브비치................79	

4부. 떠도는 마음

노란 거래 91
단풍의 자백 92
홍시 93
마지막 계절 94
순이와 부는 피리 96
의리의 오형제 97
너도 왔으면 좋겠다 98
공염불, 공약 99
꽃잎 100
붉은 입술 101
창고의 헛기침 102

가을 도시락 103
별 훔치는 할아비 104
더 맞아 봐 105
아쉬움 106
나는 뚝배기 107
노안 108
가슴에 남은 꽃 109
서리처럼, 당신 110
계단 111
가을이 수작을 걸다 112
말 못 한 연애 114

- 목차

5부. 남겨둔 여운

총잡이의 밤 ……………… 116
삶의 벌초 ………………… 117
신선대, 시 한 줄 낚다 …… 118
국향의 배웅 ……………… 119
호박잎, 고운 얼굴 ………… 120
발효되는 가족사 ………… 122
수리 중인 마음에게 ……… 124
느티나무 장기판 ………… 125
비우지 못한 날들 ………… 126
하얀 물음표 ……………… 127
흔들리는 삶을 싣고 ……… 128

장마, 사람을 닮다 ……… 130
빨래의 법칙 ……………… 131
달빛 한 잔 ………………… 132
다른 이름과 웃다가도 …… 133
펄떡이는 말들 …………… 134
이국의 용접 불꽃 ………… 135
시야검사 ………………… 136
처음 가는 길 …………… 137
장승의 등 ………………… 138
너. 라. 서. ………………… 140
귀의(歸依) ………………… 141

1부. 여백의 숨결

비움은 잃음이 아니라,
남겨둠의 다른 이름이었다

푸른 메아리

하늘이 문득 ((알림))을 보낸다
불쑥 메아리로 울리는 그때,
즐거웠던 어린 날

이웃 하늘이와 베개를 안고 소꿉놀이를 했지
아이들 놀림에 토라져 황소숨 몰아쉬면
아버지는 나를 하늘 높이 들어 올리며
웃음으로 달래주셨다
최초의 비행이었다

지금도 가끔 하늘을 찾는다
고인 물에 비친 조각,
웅덩이에 담긴 퍼즐을 맞춘다
그때 하늘이와 바가지로 하늘을 퍼담던 놀이처럼

아버지는 든든한 봉우리였다
등에 목말 타고 오르면
나는 하늘에 닿는 듯
온 세상을 환하게 내려다보는 신이 되었다

"아픈 것은 내가 넌 웃음만 가져라"

그 너른 등이 그립다
세상 가장 낮은 곳에서 하늘로 올려주던

나도 원만한 어른으로 자라
가장이 되어 중심을 잡고
인생의 여러 고개를 넘어선 지금,
그 시절 하늘이 더 푸르게 다가온다
하늘이의 이름처럼,
하늘이 자꾸 눈에 들어온다
아버지가 보내는 가장 오래된 메시지였을까

구름 조각에 마음을 띄운다
하늘로 닿으면
꼭, 대답해 주세요

아버지.

종점역 무성영화

나는 내리지 못했다
모두가 내린 뒤에도
술 취한 꿈이 나의 손목을 잡고
세상 가장 조용한 객차에 남겨졌다

빛은 사라지고 홀로 남았다
휴대폰 속 푸른 불빛은 얼굴을 비추지만
그림자는 점점 길어지고

창밖으로 흐르던 풍경은 거꾸로 흘러간다
나의 삶은 언제부터인가
거꾸로 흘러 여기에 도착했나

문이 열릴 때마다
기억들이 파도처럼 밀려오고
나는 그 안에서
지나간 웃음소리 없는 희극,
울음소리 없는 비극을 본다

객차 청소부 아주머니가 나를 밀어낸다

새로운 첫차를 기다리며
나는 무성영화의 막을 천천히 내린다

텅 빈 관람석이 꾸벅인다
종점은 끝이 아니라

또 다른 첫차의 자리다

붕어빵

아버지는 붕어빵 틀 하나 들고
골목을 순찰하셨다
그 틀엔 형의 성격, 누나의 웃음, 내 장난기까지
모두 눌러 담겼다

뜨거운 철판 위에서 지글거리며
우리들이 작게 부풀어 오를 때
아버지 손끝이 지나가면
가장자리는 바삭,
중심은 달콤한 각자의 온도로 구워졌다

나는 손 내밀어 뜨거운 웃음을 받아 먹었다
한 입 베어 물면
형의 투덜거림과 누나 눈웃음이
속살처럼 터져 나왔다

겨울바람이 골목을 스칠 때
붕어빵 냄새가 우리 가족의 리듬을 깨웠다
작은 팥 속 우리는
서로를 구워 먹으며 삶을 이어갔다

가끔 나는,
지금도 한 입 베어 물며
가장 뜨거운 것은
붕어빵이 아니라, 서로의 존재란 걸
맛본다

인생 수선집

낡은 인생이 내 앞에 구겨진 채 놓여 있다
가슴팍에 뚫린 구멍
첫사랑이 떠나며 찢어놓은 자리
소매 끝 해진 곳엔
악수할 때마다 부스러진 믿음들
무릎팍 닳아빠진 곳엔
무수히 꿇었던 사과의 흔적들
나는 조심스럽게 바늘에 실을 꿴다
흰 실로는 눈물을,
빨간 실로는 뜨거운 볼을
검은 실로는 꽉 문 이를 한 땀씩 꿰어본다
찢어진 가슴을 봉합해보지만
바늘땀이 삐뚤삐뚤하다
다른 옷에서 떼어온 천 조각을 덧대니
색깔이 안 맞아 더 이상하다
깊이 팬 주름들을 다리미로 펴보려 하지만
어떤 구겨짐은 좀처럼 펴지지 않는다
쓴맛의 자국, 짠맛의 접힌 선들이 여전히 도드라져 보인다
그래도 조금씩 옷의 윤곽이 살아난다

아직 어색하고 울퉁불퉁하지만
입을 수는 있을 것 같다
여전히 삐뚤한 곳들이 많고
어색하게 이어 붙인 자국들이 보인다
아직 완성되지 않았다
하지만 이제 걸어볼 만하다
옷걸이에 걸어두고 내일 또 손볼 곳을 찾아본다
수선 중인 인생은 새 옷만큼 반듯하지 않지만
그래도 내 것이다
한 땀 한 땀 내가 기운

풀꽃이 먼저 울었다

며칠째 장마,
햇살은 안부조차 없었다
마루 끝에 맺힌 물기 속내처럼 스며들었다

창가에 풀꽃 하나
그늘 속에서 고개를 숙이며
말없이, 젖어 갔다

마음을 먼저 내주던 것들은
늘 먼저 젖고, 먼저 시들고
묵은 생각이 빗물처럼 뚝뚝 떨어졌다

그대보다 햇살이 좋아서였다고
먼저 말했더라면 좋았을 걸

아직도 햇살만 보면 울컥하는 나는
참 바보였지

풀꽃이 아파
하늘보다 먼저 우는 건
그 때문이었나 보다

소라게의 편지

조용히 모래 틈에 엎드려 있었습니다
누가 자꾸 내 집 앞에
플라스틱 조각을 두고 가서요

그걸 등에 이고 며칠을 살았습니다
처음엔 바다 냄새 나지 않아 이상했어요
햇살도 스미지 않고,
파도가 속삭여도 소리가 막히더라고요

그래도 버릴 수 없었습니다
이 작은 섬에
딱 맞는 빈 조개껍질이
점점 사라지고 있었거든요

하늘을 향해 몇 번 더듬어 쓴 편지입니다
혹시라도 들릴까 싶어
모래알로 꾹꾹 눌러 적었어요

나는 이 껍질이 마음에 들지 않습니다
그냥, 다시
조개답게 살고 싶습니다

혹시,
파도 타고 오는 이방인이면
이 편지 좀 전해주시겠어요

오늘도 바람 탑니다

어떤 바람을 만날까
환절기는 변덕이 심하니
조심하라는 기상캐스터의 앵무새 예보
창문 밖으로 흘려보내고
현관 신발을 툭툭 깨운다

시들어가는 햇살이 쏟아지는 삼거리 횡단보도
앞서가던 말티즈 화들짝 짖는 걸 보니
그 바람, 또 만났나 보다

영화니, 증권이니, 오디션이니, 패션이니
거들먹대는 바람 들고 용수 아저씨가 등장했다
부럽다던 우리 이 여사
(아, 헛바람과 계약했단 풍문도 모르고)

어디서 열풍을 만났을까
아리스 외풍에 올라타고
오늘도 외근 중이시다, 우리 엄마

토네이도가 지구 한 켠을 휩쓸던 날
강풍에 이웃집 풍 씨는 풍지박살이 났다
몰래 피우던 담배처럼 폰 속 바람이 들켰다
말보로와 작별했을까

모처럼 맑은 날씨
흐리던 누나가 신바람을 만나는 날
내 손에 쥐여준 대왕님 얼굴
미풍이 분다

그래, 삶이란 환절기 같은 날씨
또, 어떤 바람이 불까

바람을 탄다
오늘도

엄.마.

긴 비행 끝에 구름 사이로 내려다본
산맥과 강줄기, 낯설면서도 어렴풋이 익은 얼굴
그곳은 나의 뿌리였으나, 낯선 이방인

어린 시절, 기억의 틈새에 숨은
따뜻한 엄마 품은 멀리 있었고
조용히 스며든 낯선 말들 사이로
내 이름을 잃어갔다

그곳은 나의 땅이었지만 낯선 목소리들이 나를 흔들었고
가끔 내가 누구인지 몰라 헤맸다

비행기 바퀴가 이 땅을 딛는 순간
가슴 깊이 숨어 있던 말 한 마디
입술을 두드렸다

엄.마.

그 짧은 숨결 위로 햇살이 자리를 피하고
공항 유리창마다
어느 오래전, 한 계절이 머물다 갔다

나는, 한 걸음
이름 모를 꽃 한 송이 가슴에 껴안는다
그 온기,
기억이 한 뼘 밀어 건네준
낯선 따뜻함이다

누구의 품일까,
그 온기는 아직 익숙한 듯
어딘가 낯설다

숨결로 끓인 갯벌

검은 갯벌엔
천 개의 구멍이 들숨을 쉬고
도둑게, 방게, 흰발농게들
발끝으로 생을 옮긴다

밥 짓는 소리 닮은 뽀글뽀글 기포
죽지 못해 살아가는 게 아니라
살고 싶어 버둥대는 숨결이다

순천만은
어머니의 품처럼 부풀고
짱뚱어 한 마리 생을 내걸고 튕겨 오른다

언제부턴가
갯벌이 검은 가마솥처럼 보인다
게들이 숟갈질하고
철새들이 젓가락질하며
바람은 김이 되어 퍼진다

그 안엔 갯벌이 끓고 있었다
숨죽여 삼킨 날들
말보다 깊은 습지 속, 상처들이
부글부글 익어갔다

지금도
순천만 바람 끝에서
어머니의 숨결이 밥냄새로 번진다

몽당연필이 쓰는 가을

문구점 귀퉁이
천 원짜리 연필 묶음
그 중 유난히 키 짧은 놈 하나
몽당이 되어서도 글 쓴다

아이들 손에서 수학 문제 풀다 버려진 줄 알았는데
지하철에서 할아버지 손가락 사이로
꾸역꾸역 글자가 되더라

"보청기 상담: 010…"
"보이스 피싱 조심하세요"
글보다 삐뚤빼뚤한 마음이 먼저 읽힌다

샤프보다 더 못생겼지만
몽당연필은 늘 끝까지 남는다
손때 묻고, 심 닳아도
아직 내가 쓸 말이 남았다며 버티는 중

가을은 몽당연필이다
짧아도 따뜻하고
닳아도 할 말이 많은 계절이다

여름에 빠진 이

옥수수 사이로 치맛자락 날리던 당신,
햇살도 시기하던 웃음따라
하모니카마저 들썩였지요

그날 웃다 웃다
옥수수 한 알 잇몸에서
툭, 흘리고는

"이도 사랑에 빠진 거라예"
옆구리로 웃던 모습,
그날 이후
내 마음 어디에 박혔는지 몰라요

팝콘 튀던 오후,
뻥튀기 장수 따라
우리도 뻥— 부풀었다가
눅눅해진 해 질 녘
말없이 옥수수 수염만 헤집었지요

지금도, 이 빠진 잇몸으로
당신 웃음 꼭꼭 씹어봅니다

오늘도 솥뚜껑 열리는 소리마다
당신 목소리,
달동네 골목마다
갓 쪄낸 옥수수처럼 퍼집니다

방 안의 작은 궁전

나는 아주 작고 둥근 몸
방구석에 숨은 밤의 가장 낮은 옥좌

나의 궁전은 어린아이의 꿈과
어른의 한숨이
가장 은밀하게 만나는 곳

사람들이 깊은 잠에 빠진 밤
나는 아무 말 없이
그들의 가장 솔직한 속삭임을 기록한다

때로는 고단한 하루의 무게
어떤 날은 사랑에 울던 젖은 소리를
모두 품어
차갑고 단단한 내 심장에 비밀로 봉인한다

아주 오래전,
나는 때론 냉정한 왕처럼
옷을 벗긴 무례한 '이'를 수장시키기도 했다
그 모든 기억들이
나의 투명한 왕국 벽에 빼곡히 새겨졌다

밤마다 난
어린 영혼의 성장을 지켜보고
고단한 어른의 은밀한 고백을 듣는다
그들의 모든 비밀이
나의 투명한 왕국에 쌓여갈 때

나는 그들을
모두 아는 유일한 밤의 증인
요강이다

어무이 집

불빛 젖은 뒷골목
하루 노동이 찾는,
신발 벗고 잠시 등 기대는 곳

그곳엔 반기는 주름진 주전자 하나
말없이 술잔을 내밀고
빈 그릇에 국물 한 국자 얹는다

젓가락 끝에 묻은 푸념이
두부 위에 살짝 눕고
단무지 노랗게 물든 기억,
어디서 울다 온 얼굴처럼 반짝인다

술기운이 부른 욕을 섞은 뒷담화가
구슬픈 유행가로 들리고
찌그러진 잔에 흔들리는 걱정도
술거품처럼 게우는 신세도
다 받아주는 그곳
너른 어무이 품 같은 집이다

술상을 지켜보던 주인장
"거, 국물 식겠다"
속정을 얹는 서툰 위로를 마시면
뒤끓던 속도 식어간다

등이 필요한 이들에게
이곳은 선술집이 아니라
세상 이야기 한 그릇 데워주는 집이다

삶의 뒷골목에도
가끔은 따뜻한 등이 있다

민들레 교실

푸른 숨결 스며들던 민들레 교실,
외톨이 총각 샘 있었다
멋쩍은 미소가 칠판 앞에 서면
분필보다 먼저 소녀들 마음이 뽀얗게 날렸다

"쌀! 해보이소~"
"전화 왔어요 해보이소"
대구 사투리가 주문에 또닥거렸던 말,
그날의 교탁 위
야쿠르트 하나가 답해주었다

책상 위 궁금한 열다섯 수줍은 손 편지
남몰래 구두 얼굴을 훔쳐놓던
소녀 하나,
비밀 일기장엔 점점이 분홍꽃 폈다

그 총각샘 조심스레 한 걸음 물러섰고
그 눈치챈 소녀는
"차렷! 경례!"
반장 구령에 한 달 내내
고개를 획 돌리는 얼음소녀

말없이 서 있는 뿌리 깊은 샘
그때는 몰랐지예
그 무심함이
가슴에 얼마나 크게 남았을지

교실 서랍 어딘가
편지 한 장,
아직도 민들레 홀씨처럼
숨죽이며 기다리고 있을지 모른다

엿장수 마음법

가위질은 법이었다
단맛 쓴맛도 그의 손끝에서 길이가 정해졌다

뒤뜰 고무신도, 손때 묻은 놋그릇도
말 대신, 혀를 내밀던 시절
그가 원하는 만큼만 웃을 수 있었다

철사로 줄 매단 풍선처럼
세상도 공중에 걸려 있었다
누가 더 달게 말하느냐가
남은 몫이었다

엿장수는 법복 같은 얼굴로 잘라 준다
미소 길이대로
진실은 길고, 정의는 짧았다

공정 언론, 양심 판결, 준법 노조, 여의도 신사까지
그의 엿판 위에 눕는다

우리는
엿장수 마음대로라는 이름의
오래된 법전에,
말없이 고무신을 내민다

남긴 편지

꽃 피우는 일은,
생각보다 훨씬 아픈 일이었습니다

모두가 아름답다 하던 순간에도
나는 이미, 지는 법을 연습하고 있었지요.
바람이 등을 떠밀고
햇살이 속삭일 때마다
나는 조금씩 사라지고 있었습니다

그래도 참 좋았습니다
매번 마지막이라 생각하며
가장 찬란하게 피어냈으니까요

내가 머문 자리,
그대가 밟을까 두려워
꽃잎 하나, 소리 하나
조심조심 내려놓고 갑니다

혹시라도 내가 그대 마음에 남는다면
기억해 주세요
꽃은 지기 위해 피는 것이 아니라,
한 번을 위해 목숨을 다하는 존재라는 걸

그러니 이제,
그대 봄도 맘껏 피워 보세요

봄, 드림

꽃잎처럼

겨울의 칼날이 목덜미를 긋는지
피멍처럼, 붉음이 번진다

사랑은 시샘에서 움트고
시샘은 마침내 꽃을 틔운다
모질게 문 계절이 입김으로 생을 밀어 올린다

햇살은 아직 얼음장 속
봄은 입술을 깨문 채
대답보다 먼저, 질문처럼 피어난다

꽃은 따뜻해서 피는 게 아니다
아픈 날을 견딘 상처가
영혼의 향기를 만들기 때문이다

말하지 않아도
모든 피어남은,
지지 않으려는 몸짓이리라

붉은 비밀

저 핏빛 꽃잎 좀 봐
드디어,
홍매화가 열병을 앓았나 봐

동지선달, 깊은 밤
외로움에 젖어
밤새 끙끙대더니만

붉은 꽃잎
오늘은,
남모를 비밀 하나에
수줍게 떨고 있네

세상에!
미끈한 등허리에 송골송골 이슬,
밤사이
먼 일이 있었나 봐

첫눈은 입술에 닿지 않는다

첫눈은 눈앞에 맴돌다
입술 앞에서 살짝 피해 간다

좋아한다 할까
아니라 할까
아직도 머뭇거리는 마음
눈발이 대신 전해 주는 걸까

첫눈은 차갑지만 가장 뜨거운 고백이다
다만, 연애 고수처럼
입술 바로 앞에서 멈춘다

잡을까 말까
눈웃음 치며 살짝 피하는 타이밍
그래서 더 오래 마음에 남는다

우리 가슴속 첫눈은
늘 오래 머문다
한 번 닿으면 녹아버릴 걸 잘 아는 걸까

첫사랑은 첫눈이다
다가가면 사라지고
멀리서 바라볼 때
가장 예쁜, 밀당의 여왕

사랑은 늘 한 발짝 남기고 멈춰서는
얄미운 녀석

그래서 오늘도
첫눈처럼,
난 당신 입술에 닿지 못한 채
서성인다

찻잔 속 한 컷

미끈한 태양의 성급한 애무는
가마솥 곰국처럼 뜨거웠다

그 열기 식히려
밀물을 들고 바다는 챙 넓은 그늘로 찾아들고

수많은 밀물과 썰물 같은 세월에
푸른 봄을 흘려보낸
비둘기 빛 여인 하나가
그늘 한 잎 들고

여름 바닷가 백사장에 새겨진
젊음의 기록을
해안선 따라 읽으며
뜨거운 추억 속으로 걸어가는
풍경 한 컷,

찻잔 속 향기로 물든다

산불

포근한 길일 날
영험하신 갓 부처님을 만나러
합장하며
한 걸음씩 오르는 계단을
물끄러미 보는 갓바위,

그 아래,
열두 폭 병풍을 감싸안고
줄지어 오르는 치맛자락의 불티가
팔공산에 불을 내
온 산이 큰불로 번졌다

산불이 내게 옮겨붙어
그 불 끄느라
소화기로 사용한 참이슬이
끄기는커녕
되레 내 속을 활활 불 지르고 말았다

한 가지 소원 들어주신다는
갓바위 부처님
저 방화범이 절실히 갈구하는
죄 없는 몸짓을
부처님 전에 올립니다

앉아 보세요

자라서는
무궁화꽃이고 싶었습니다

아름다운 강산에서
누구나 아끼는 꽃이 되고 싶었습니다

피기도 전에 이렇게
꺾인 꽃이 될 줄 미처 꿈에도 몰랐습니다

죽어서도 눈 감지 못하고
피맺힌 원혼으로 구천을 떠돌 거라고
누가 알았나요

이제, 한 맺힌 혼을 빚은 청동 소녀상으로
못다 한 이승의 염원을 위하여
여기 앉았으니

한번 앉아 보세요, 내 곁에

잃어버린 지난날,
무궁화 이야기와 소녀의 바람을
들려 드리고 싶어요

2부. 그림자의 자리

바람에 흔들리는 병든 잎처럼
흔적은 남고 기억은 스며든다

외도에 피는 연애

유람선 타고 외도에 닿았다
그곳은 사방이 낯선
향기로 가득한 식물의 천국

가이드북에는 없던
한 송이 꽃,
당신이 먼저 눈에 들어왔다

피었는지도 몰랐던 감정이 그늘에 눕고
보타니아 햇살 아래
이미 눈총은 외도(外道)를 시작했다

당신은 말을 아꼈고
나는 향기에 취했다
시간은 줄기처럼 얽혀
길을 잃는 게 어쩐지 좋았다

돌아가는 배를 놓쳤다는 핑계로
난, 이방인 되어 섬에 눌러앉고 싶었다
내 이름 말하지 않아도
당신은 꽃잎으로 고백을 건넸다

그날,
외도에선 꽃이 피었고
나는 연애를 했다
아무도 모르는 낯선 일탈이다
외도,
바로 그 섬에서

약국보다 먼저

배가 아파 울먹이던 어느 어린 날 밤,
엄마는 이마에 먼저 손을 얹고는
한참을 말없이 있었다

부엌에서 달여온 생강차 한 모금보다
더 따뜻했던 건
배 위에 얹힌 엄마 손의 온기

"엄마 손은 약손"
입김 섞인 주문처럼,
그 말 한마디에
신기하게 아픔이 스르륵 풀리곤 했다

그 손은 밥 짓고,
김치 뒤적이고,
내 바지 뒷주머니 꿰매주던 손

그러다 혼자 울던 밤엔
말없이 내 등에 살며시 얹힌 적도 있다

요즘도 배가 시리면 괜히 손 얹어본다
어디선가
그 손의 체온,
내 손끝으로 돌아올까 싶어서

'엄마 손 약손'
참 오래된 주문 같지만

아직도 어디 아프다 하면
문득 떠오르는,
약국보다 먼저 생각나는 말이다

이명(耳鳴)

내 귀 속에 달빛이 스민다
누군가는 그걸 병이라 부르지만
나는 은빛 울음이라 부른다

그 울음은
먼 파도가 거꾸로 밀려와
내 안의 모래사장을 적시는 소리,
잊었던 이름이 풀벌레 날갯짓에 실려
귓속을 한 바퀴 도는 소리

나는 가만히 귀를 기울인다
달빛은 소리로 변해
머리칼 사이 작은 골목을 흘러
아무도 보지 못한 마당에 내려앉고

그곳에서 바람과 파도와 풀벌레가
달빛 악보 위에 춤을 춘다

누군가는 병이라지만
나는 안다
이건 내 귀가
세상과 나 사이에 세운
아주 조용한 달빛 음악회란 것을

달빛의 밀어

찬바람 탄 달빛이
문풍지를 스치며 이불 속으로 스며든다

그리움이 속삭인다
나는 어느새 그 목소리 속으로 걸어 들어간다

몸짓이 흔들린다
호흡이 달빛 아래 두근거린다

너울처럼 번지는 달의 진동
귓가에서 파도처럼 부서진다

잡힐 듯 다가와
멀어지는 실루엣
나는 허우적대며 그 뒤를 쫓는다

베갯머리에서
스마트폰이 울린다

꿈이 깨진다

남은 건
달빛 한 줄기
식어가는 숨결 하나

호박등처럼

가끔, 내 마음 지붕마다
낡은 달 하나 살짝 걸려 떠오른다

달빛으로 번진 어머니 웃음이
베란다 창을 살며시 열던 밤

정안수를 올리던 손끝에
조상의 숨결이 물안개처럼 내려앉고,
우리의 까만 눈동자 속에는
별처럼 소원들이 자라던 시절 있었다

"우리 집 잘되게 해주세요"
낮은 목소리가 달빛의 속살을 흔들며
마을 지붕마다 소리 되어
뜨겁게 번져가던 밤이었다

지금은 달 로켓이 밤하늘을 가르지만
나는 안다
어머니의 체온을 잃은 내 손가락처럼
빛이 닿지 않는 깊은 곳에도
그리움이 머문다는 것을

나는 소원을 빌지 못한 채
창 밖에 뜬 달의 숨결을 들이마신다

슬프고, 따뜻했던 모든 기억이
텅 빈 가슴 안에서 어두운 달처럼 빛난다

그 모든 밝은 것들이
이제는 빛보다 깊은 그림자가 되어
나를 감싸며 비춘다

하얀 손짓

해거름 저녁연기
어머니 손끝처럼 돌담을 넘어
이곳저곳 두리번거립니다

기억 속, 연기는
해맑은 햇살이 뛰어놀던 뒷마당
하얀 숨결로 살피곤 했습니다

가난한 살림살이보다
먼저 무르익던 저녁연기에
어머니의 기도가 스며들었을까

밥때가 되면 해그림자보다 길게 늘어진
내 유년의 그림자를 따라
"밥 묵자"
등 굽은 골목에서 손짓하던
하얀 저녁연기

어린 발가락이 배고픈 강아지처럼 뛰어오면
밥 짓는 냄새보다
하얀 품이 먼저 반겨주었다

지금도, 저녁이 다가오면
나를 부르던
허기진 마음을 품어주던
하얀 손짓이 떠오릅니다

머리숲에 핀 봄

허공에 지은 집 어때요
끄떡없어요
얼기설기 엮어 분해될 것 같아도
비바람이 흔들어도 끄떡없죠
산 너머 봄바람이 입김으로 후우
잠든 대지를 깨우면
우린 나뭇가지 위에
까치집 짓고 퍼즐처럼 새봄을 설계했거든요
요즘, 까치머리 유행인 거 알죠
머리카락 한 올 한 올마다
둥지처럼 틀어진 곡선에서
봄이 뾰족뾰족, 한 뼘씩 돋아나네요
그 안엔 숨죽인 넋두리
물컹한 춘곤증도 몰래 숨었지만
봄은 그마저 쪼아대며
이곳저곳 생기를 불어넣고 있지요
마을 미용실엔
봄이 먼저 둥지를 틀었답니다
저기 좀 보세요
저마다 봄을 다듬는 소리에
깍깍, 웃음꽃이 피고 있잖아요
연두가 지천에 물들고
분홍빛 수다가 나뭇가지에 피어날 때면
봄은 까치걸음으로 분주할 테고
새싹들도 하늘로 솟겠죠

보글보글, 겨울

고단한 살림살이에도
방 안 가득 티눈처럼 박힌 형제들,
함박눈 소식에 까르르
부스러지듯 피어나는 웃음

아랫목 술독은 밤새 뒤척이며 속삭이고
살림은 비었어도
보글보글 정이 익었다

시렁에 앉아 그네 타던
메주 덩어리도
기침 섞인 누룩곰팡이 웃음도
겨울을 저만치 밀어냈다

윗목 요강 얼음 발자국,
천장 위에 번지던 쥐 그림자
문풍지 흔들던 찬 공기도
엄마 품이면 다 잊었다

동동주 냄새 밴
이불 속 이야기로 익던 아랫목
그때의 온기,
아직도 이마 한켠 고스란히 배어난다

경로를 재탐색 중입니다

길을 놓쳤다
네비 아가씨 차분하게 숨 고른다

"가능한 유턴 후 좌회전입니다"
그 말투, 단 한 번도
나를 책망하지 않았다

이상하게도 그 목소리에 안도하게 된다
누구에게도 말 못 한
내 마음의 오차들도
다 받아주는 기분

막다른 골목에 멈춰 설 때면
누군가의 마음도 이런 길이었을까
돌아서면 사라지는
눈길 같은 감정

잦은 착오에도 침묵 없는 안내처럼
그대의 마음도
그렇게 포기 없이
계속해서 내게 오면 좋겠다

"경로를 재탐색 중입니다"
그 문장이 오늘 따라
위로처럼 들리는 건
어쩌면 나도 아직
우리란 목적지에 도착하지 못해서다

도심 속의 심해

바다는 이삿짐처럼 옮겨졌다
네모난 유리 상자 속으로

갈치, 쏨뱅이, 가재, 꽃게
모두 제 집처럼
갇힌 바다를 둥글게 돈다

해초는 늘 푸르고 모래는 늘 고요하다
어디선가 틀어놓은 거품 소리
심해의 숨소리처럼 들려온다

하지만, 물속은 짠내가 없이도
한철 비린 삶을 건다

그들은 안다
손가락질하는 창 너머
누군가 오늘의 생을 집게로 콕 집어낸다는 걸

"쟤가 싱싱하네"
"요건 살이 올라 이쁘다"

이름도 몰랐던 바나가
가격표로 붙잡히는 순간

우리는 웃으며 심해를 구입한다
찜통에 찔
초장에 찍힐
살아 있는 시가 아닌,
살고 싶은 시

운동화의 일기

나도 한때는 간판이었다
신상 중의 신상,
할부로 네 발에 안긴 날
진열대 불빛이 아직도 눈부시다

첫 출근날,
당신은 끈을 팽팽히 당기며 말했다
"잘 부탁한다
하루도 빠짐없이 함께할 거야"

그때부터였지
지하철 계단, 배달 오토바이
학원 셔틀, 대리운전 밤거리까지
쉬는 날도 없는 발걸음

비 오는 날엔
등산화 대신 끌려 나가 흙탕물 품었고
햇빛 드문 날엔 속까지 피부병 났다

누가 알아줄까
뒷굽이 닳도록 버틴 나의 노동
주인의 발냄새까지 품던 마음

이젠 숨구멍 터진 밑창으로
먼지만 삼키는 신세
구겨진 채 현관 구석,
퇴물 바구니로 밀려나도

나는 기억한다
당신의 첫걸음, 헛디딘 눈물을
그리고,
내일의 꿈도, 함께 달렸음을

파도가 접은 편지

파도는 모래 위에 편지를 남기고 간다
서둘러 읽기도 전에
쏙, 다시 걷어 간다

나는 무릎 꿇고 남은 한 줄 더듬는다
지워지다 만 그리움의 철자들

뒷면에 붙은 조개껍데기 하나,
그 속엔 사라진 이름 목록이 숨어 있고
너울 너머 부서진 지난밤 밀어,
물비늘에 젖어 번진다

바다를 떠나온 편지
다시 바다로 돌아가는 법
그중 하나가
나의 마음에 잠깐 들렀다 간다

읽지 못한 구절 하나
가슴속에서 지금도, 파도친다

빈 그릇이 웃었다

벌써 지고 있었다
피는 순간, 모양을 다 채운 여문 꽃.

넘치는 건 지는 것인가
한 점 채워지지 않은 빈 그릇 하나,
달빛 퍼붓는 밤에 웃었다

저절로 드나든 바람, 달, 별,
새소리, 개구리 울음소리
마냥 즐거운 마음 부자였다

어디선가 폭죽 터지듯 풍선이 터진다
남보다 높게 올랐나
건망증 하나, 풍등처럼 셈법을 놓쳤나

시는 여백으로 말하고
붓은 욕심으로 답한다

세상은 여백을 지우고
인생은 욕심으로 채운다

진짜 온기는 배부른 그릇이 나누는
빈 곳이라는 듯

웃고 있다
진땀 흘리는 고봉밥 옆에 선
빈 그릇이 초승달처럼 입이 커진다

불판 위의 인생

비틀대는 골목
술기운에 젖은 포장마차에선
오늘도 삶 몇 점이 불판에서 익고 있다

산낙지는 온몸으로 말하지만
젓가락은 늘 엉뚱한 곳만 집는다
속 끓는 말들은 입 밖으로 나오지 못하고
물컹한 살 속에서 비명으로 익는다

실직한 고등어가
등 푸른 계절을 베개 삼아 눕는다
한 번 뒤집힐 때마다
속내를 벗겨낸다
굽는다는 건 결국 내어놓는 일이다

그곳에서
사람들은 기억의 비늘을 하나씩
석쇠 위에 놓고 견딘다
탄 자국마다 지난 시간을 새기며
아프게 익어간다

버려진 술병처럼
지워진 이름도
찌그러진 하루도
이 밤엔 누군가의 입술에 닿는다

불판 위에서
우리는 저마다의 온도로 타고 있다

0의 가치

빈집에도 집이 있다
사방 사철, 그늘이 방을 데우고
침묵이 먼지처럼 쌓인다

부엌 한켠,
뒤엉킨 수세미 곁으로
꼽등이 한 마리 장독대 뒤 감나무를 노리고
감 서리 간다

건너 사랑방 뒤뜰 귀뚜리는
끌고 온 낙엽에
밤마다 짧은 방명록 남기고
마루 밑에 입주한
일개미가 헤어진 기억을 더듬으며
옛 주인 체취를 옮겨 심는다

지나가던 들양이 손님,
이불에 하룻밤 체온을 그려놓는
이 집,
그 누구보다 많은 이야기를 품고 있다

살지 않아도
살고 있는 것들로 가득 차 있다

다들 비우자고 하는 말들이
모두 그래서일까

베개

몇 해째
하얀 베개가 내 머리를 안는다

세월의 얼룩이 스며들고
잠의 냄새가 묻어들면 물에 헹궈 다시 눕힌다
순한 얼굴로 돌아오는 그것

밤이면 또
나는 그를 짓이긴다

삼킨 말들이 뒤척이고
숨이 막힌 꿈이 얹히면
한 번, 두 번 묵음의 주먹이 내질러진다

베개는 아무 말이 없다
그저 내 모든 밤을 받는다

안기던 밤도,
울음을 삼키던 밤도,
그저 조용히 내 무게를 견딘다

아침이 오면 햇빛이 얼굴을 비춘다
그제야 나는 알게 된다

저 하얀 것이
한 번도 나를 탓하지 않았다는 것을
몇 해를 함께하면서
언제나 내 모양대로 자국을 남겨왔다

오늘도 나를 안을까
내일 또 눌러버릴 나를,

바다로 간 갈등

깨진 바가지에 말이 쏟아졌다
모래밭에 길게 늘어선 그림자
서로 등 돌린 채
파도 소리만 듣는 바닷가
부서지는 하얀 물거품을 바라보며
누군가 중얼거렸다
우린 파도 같아,
언제나 감정적으로 들이받고 보잖아
넌 바위 같아,
고집 세고 좀처럼 물러서질 않잖아
하얀 포말처럼 언어가 흩어질 때
부딪치고 스며들고 밀어내고 다가가고
그렇게 몇 번을 오르내렸을까
점점 바위가 둥글어지는 거 알아?
파도가 늘 안아주니까
처음으로 나는,
바다보다 깊은 네 눈을 들여다본다
한 걸음, 두 걸음
또 한 걸음
머뭇거리던 파도가 물 먹은 바위를 감싸듯이
(이렇게 다가서면 될걸...)
그들은 천천히 서로를 안았다
파도처럼 젖은 입술에 바닷바람 파고들고
가쁜 바다의 숨결이 머문 시간
두 사람 두들기는 뱃고동
파도는 바위를 감싸고, 서로 바라본다
같은 풍경 다른 모습으로
바위도
파도도

빨대를 찬 암도둑

여름밤,
살찐 드럼통 옆구리에
도둑 하나
빨대 꽂고 천천히 피를 훔친다

물어도 모르지
그놈 입엔 바늘만 한 침 끝에 마취제 발라
'죄송'이라는 말도 없이
알 낳을 영양만 챙겨간다

반쯤 자다가 팔뚝이 간지럽다
딱!
도둑놈 벌써 삼십육계 줄행랑이다
그 도둑은 이미
혈기 충만한 출산 휴가 중

새끼를 위해서라지만
CO_2 한 모금에
쉰 걸음 밖의 나를 탐지하고
몇 초 만에 훔친다
그렇게 정확히 정맥을 찌르다니
이 도둑, 간호학과 수석 출신 아닌가 몰라

팔뚝에 또 한 놈 날아든다
오늘도 저들은 출근 중이다

간지러운 종아리를 긁으며
문득 생각한다
나도 누군가의 한 방울로 살아가는 건 아닐까

모기의 사정도
조금은 이해되는 아침이다

소인을 찍어요

어느덧, 웃자란 연식
세월이 찧은 관절은 종종 투정 부리고
각질로 자란 굳은살에도
당신은 오달지게 익어갑니다

죽순처럼 솟구친 계절,
아카시아 부풀던 가슴 아래
찔레꽃잎에 몰래 싸던 연정 하나
그날의 향기로 배어납니다

먼지 낀 오후를 열고
박카스처럼 톡 쏘는 기억 한 줌
솜사탕 같은 말 한마디로
시름까지 사르르 녹았으면 좋겠습니다

하루하루 기쁨으로 인테리어한 일상
이마엔 반짝이는 햇살,
젤리 같은 혈관 사이
익어가는 속정 하나, 말없이 삭혀두고

뻐꾹새 울음 따라
무논의 사랑가 덩굴처럼 번지는
그날 밤, 밤꽃 향기처럼 무르익는
유월이 오면

우리, 웃으며
심장 한 칸씩
초록 소인을 찍어요

꽃잎으로 덮은 얼굴

어릴 적,
마당 끝 장독대
하얀 접시꽃이 일어서면
울엄니 흰머릿수건 묶고 나를 불렀다

햇살에 물든 그 웃음
꽃잎 사이로 숨었다가
바람 불면 슬쩍 나를 안아주곤 했지

나는 몰랐다
그 꽃이 한 계절 버티며 피워낸
내 유년 어머니 꽃인 줄

긴 줄기 타고
어느새 어른이 되었다고 착각할 때도
그 꽃은 늘
말없이 내 곁에 피어 있었다

지금도 가끔
담장 아래 선 접시꽃을 만나면
나는 그 꽃잎으로 어머니 얼굴을 덮는다

흙냄새 묻은 흰머릿수건이
꽃잎처럼 아직도
가슴 속에서 흔든다

수리안전답

나는 하늘에 기댄
노지천수답
목 빠지게 비를 기다리던
가난한 논이었다

구름 한 점에도 눈물처럼 젖곤 했지
가뭄의 주름마다
손바닥으로 덮고 살던 시절

너는 수로 따라 흐르는
수리안전답
샘물은 24시간 대기 중
헬리콥터 맘이 누른 스마트 밸브가
정량의 보살핌을 골고루 나눠 주지

말라 본 적 없는 땅은 갈라질 줄을 모르고
비 오기 전부터 장화를 꺼내는
너의 예측 가능한 삶은
언제나 반듯했다

나는 때로 비를 속이려고
바람에게 절을 했고
태양에게 등을 보이며 고개 숙여 익어갔다

한 뼘의 땅,
우린 뿌리로 싸우지 않지만
저마다 흡수한 풍경이 달라
말이, 말이 잘 안 통한다

그래서일까
내 말엔 흙냄새가
너의 말엔 물소리가 섞여
자꾸만 어긋난다

노을 앞에서

오늘도 이 자리에 선다
서쪽 하늘이 불타는 걸 보려고
주황빛이 내 얼굴을 스치면
종일 쌓인 먼지가 눈물처럼 흘러내린다
퇴근길 공원 벤치에 몸을 맡기고
저 불덩이를 바라본다
가슴 어딘가도 함께 타오른다
아이였을 때 할머니는 말했다
"노을이 곱게 지면 내일 날씨가 좋단다"
지금도 그 말을 믿고 싶다
당신과 함께 본 석양이 남긴 따스함이
하나씩 떠오른다
그때는 몰랐다
그 순간들이 이렇게 소중한 줄
하늘이 물들수록 내 마음도 뜨거워진다
오늘의 실수와 못다 한 말들이
녹아내려 사라지기 전
나도 무언가 놓아주고
주머니 속 무게를 바람에 날려 보내고 싶다
석양은 매일 죽는다
그러니 매일 아름답다
아름다우려면 조금씩 죽어야 할까
어둠을 들고 집으로 간다
내일도 이 자리에 올 거라는
작은 약속을 품고
하루가 끝나는 게 힘들지 않다
이렇게 곱게 끝나니까

3부. 빛의 언저리

황금빛 들판에 발을 디디며
작은 위안이 천천히 내 안으로 흐른다

겨울의 눈 웃음

하늘이 눈을 감는다
세상이 하얗게 웃는다

눈은 눈(雪)을 바라보고
눈을 흘긴다

마른 나뭇가지 끝에
쓸쓸한 눈웃음 하나, 걸려 있다
그건 누구의 안부일까

누가 내 마음 창가에
김 서린 손끝으로
(잘 지내니)
썼을까

얼마 지나지 않아
고드름이 인심 쓰듯 소인을 찍는다

그 편지 바람 따라 떠나고
겨울 발가락들이 흩뿌린 눈발에
세상이 쌀가루로 떡칠이다

눈이 눈처럼 웃는다

환절기 마음 날씨

내 안의 봄은
꽃샘바람 주의보 발령이다

방금 전까지 웃던 사람이
돌연 차갑게 등 돌리고
따뜻한 인사가 미처 피어나기도 전
바람이 먼저 얼굴을 스친다

곳곳에서 소곤거림이라는 미세먼지가 날리고
질투라는 황사까지 얹히니
관계의 공기는 잠시 흐려진다

그러다 금세,
벚꽃 같은 미소가 흩날리며
햇살이 쨍 하고 번져온다
순식간에 살랑거리는 미풍으로 바뀌는 마음 날씨,
역시 봄은 변덕이 심하다

결국, 사람 사이의 봄날씨는
자주 빗나가는 예보,
그게 또 봄의 정확한 기상 패턴이다

능청스러운 능금

가을,
또 한 놈, 가지 끝에 달려 가들막거린다

아직도 푸르딩딩
가랑머리 바람에 볼 비비는 거 보니
철이 덜 들었다

한입 베어 물자니
이도 시큰하고
안 물자니
게염스레 자꾸 손이 간다

뭔 놈의 과일이
그리 곱다랗게 흘기며
햇살 속에서 반짝거리는지
기다리란 말마저 곱게도 숨긴다

"아직 물지 마요"
붙어 있는 꼬리 글이 더 구쁘다

내 마음은
한 되가웃 단물 끼얹은 듯 끈적한데
넌 왜 자꾸 떫은 낯꼴만 짓나

아무렴 어떠냐
가을아, 바람아 좀 더 불어라
그 애도 익고
내 가슴도 좀 발갛게

이 가을,
우린 서로가 군눈 뜨고
능청스럽게 익어간다

* 가들막거린다 : 잘난 체 얄밉게 행동한다.
* 게염스레 : 부러워하며 시샘하여 탐내는 마음 있게.
* 구쁘다 : 먹고 싶어 입맛 당기다.
* 군눈 : 보지 않아도 좋을 것을 보는 눈.
* 군눈 뜨다(속담) : 외도에 눈 뜨다

무게를 끄는 사람들

폭염주의보가 내린 오후,
부산 대연동 리어카를 끄는 노인을 만났다

고물과 폐지 위로 쏟아지는 햇살,
절뚝이는 다리 하나,
땀이 아닌 시간을 끌고 있었다

그 누구도 그 무게를 돌아보지 않았다
그늘도 없는 아스팔트 위
무채색 바퀴만이
천천히, 삶의 비명을 되밀고 있었다

나는 조용히 에어컨 바람에 기대 앉아
그 풍경을 삼키듯,
말없이 눈을 감았다

그 누구도 폐지를 끌지 않는다
장담 못하는 세상

그 무게,
남의 것만일까

우리가 만든 구멍

도로는 말했다
오늘도 무사하길 바란다고
박 모(33)씨*,
이 구멍의 마지막 문장이 되었다
헬멧을 썼고, 장화까지 무장했고
그는 가족을 싣고 오늘도 늦은 배달을 나섰다

비가 내렸고
핸드폰은 토사 속에서 마지막 알림을 울렸다
번호판은, 떨어져 있었다
그의 이름만 남은 숫자
지하철 9호선 공사장 아래 도시는 조용히 삼켰다
바쁘게 달린 숨을
눈물 젖은 땀을
애타게 기다리던 이름을
우리가 만든 싱크홀로

어머니가 다급히 흔들었나
"우리 애기 깨워야 해"
그러나 도시의 새벽은 끝내
눈 뜨지 않았다

*2025.3.25. 박모(33)씨는 배달을 하던 중 참변 당했다.

골목 전쟁

우린 물러설 줄 몰랐다
숟가락 떨어지는 신호에
뒷골목으로 일제히 출동했다

용태가 깃발을 들고
순이가 비석을 깼다
옥이는 고무줄로 바리케이드 쳤고
나는 구슬을 탄창처럼 챙겼다

딱지 한 장에 운명이 뒤집히고
말뚝박기 한 판에 계급이 갈렸다

모래 먼지가 전운을 몰고 오면
엄마들의 물폭탄이 터졌고
'밥 묵으라!'는 포성은
무기를 내려놓는 정전 협정이었다

누군가는 찢긴 무릎을 훈장처럼 붙이고 돌아갔고
누군가는 끝내 땅따먹기 땅 지키다
밤이 끌고 갔다

다음 날 아침
전선은 다시 형성되었고
우린 또다시
가장 진지한 얼굴로
세상의 평화를 망가뜨리러 나갔다

이 골목,
비록 작지만
우리에겐 지구보다 큰 전쟁터였다

지금도
사타구니에 권총 차고
문을 나선다

허리 굽은 기도

그 꽃,
젊을 때부터 고개 숙인 채 자랐다
삶이 무엇인지
먼저 알아버린 듯이

바람이 스치면
거친 손바닥처럼 떨리다
흙으로 돌아갈 준비를 하고 있었다

무덤가 언덕
그곳에 뿌리 내린 지
참 오래다

꽃잎마다
세월이 비린내처럼 맺힌
그 앞에 서면
어머니가 먼저 떠오른다

울음 대신 숨죽여 접어두던 고개
그 아래
시간이 겹겹이 포개진 숨 하나
그림자처럼 남아 있다

무덤가에 핀 할미꽃
누군가의 삶을 끝까지 앓아낸
허리 굽은 기도처럼
고요하다

어머니의 메아리

그녀는 오늘도
허리에 사는 통증을 다독이며
쑤심질하는 허리를 다독이며
품을 떠난 그리움 한 무더기 펼쳐놓고
홀로 외로움을 다듬고 계시리라

얼기설기 얽힌 삶의 멍에가 만든
그녀의 주름살에는
눈물과 한숨으로 시나브로 베푼
달보드레한 사랑이 살아 숨 쉬고
골 깊은 주름살 속엔
〈애야 밥 먹어라〉 부르던
내 유년의 젊은 그녀가 메아리로 삽니다

덩그러니 집을 지키는
홀어머니 생각이 노루잠을 자다
그리움에 젖은 달빛으로
베갯잇을 적실 때면

하얀 밤 지새우며
눈물겨운 내리사랑에 낯부끄러운
못난 치사랑은
가슴 저미는 아픔으로
목울대를 넘는 속울음을 삼킵니다

파도, 그 여름의 민낯

넘실대는 파도,
낭만의 밤을 유혹하며
바다로 간 여름이
비지땀으로 퍼렇게 앓는다

발가벗은 민낯이
도가니처럼 뿜어대는 열기에
하얀 모래밭은
몸살이 난 듯 속살까지 벌겋다

길게 누운 해안선 껴안고
철썩이는 손짓으로
굴곡진 허리로 물거품처럼 파고든 파도
해변은 들뜬 신음을 토해낸다

바닷바람 출렁이는
화려한 네온의 무대 아래
조개껍데기 같은 사연들이 팔짱 끼고
속삭이는 여름,
밤새 불면증으로 눈이 붓는다

빈 껍질로 모래 속에 묻힌
간밤의 잔상들,
짧은 생에 목이 멘 매미들 생떼가
해바라기 속처럼
검게 타오르는 여름이다

헬륨 풍선에 부치는 동심

손등에 핀 검버섯
달의 얼룩처럼 피어났지만
나는 아직 줄넘기 열 번도 못 넘던
그 여덟 살에 머물러 있다

철봉에 거꾸로 매달려
거꾸로 본 하늘이
더 맑고 더 컸던 시절
내 이름보다 먼저 부르던
엄마 목소리가 햇살 따라 들려온다

주름진 손에 헬륨 풍선 하나 묶고
그 시절,
웃음소리 접어 하늘에 띄운다

동심은 나이를 먹지 않는다
그저 잠시,
장롱 속 앨범처럼 잊고 지냈을 뿐

오늘은 바람 좋은 날
하늘도 나를 안아주는 듯
풍선처럼 가볍게
내 마음도 떠오른다

달은 호박 부침개

밤하늘에 달이 노랗게 눌어붙었다
노릇노릇,
엄마 손맛 닮은 호박 부침개
후라이팬에서 달이 익고 있었다

별 하나 들기름처럼 반짝이고
구름은 김처럼 피어오른다

부엌 창 너머
하늘을 바라보던 아이는
배고픔을 꾹 참으며 달을 삼킨다

그때의 달은
언제나 뜨거웠고 노릇했고
조금은 짠맛이 났다

세월이 익어
나는 이제 그 달을 뒤집는 사람이 되었다

한쪽은 그리움
한쪽은 기다림
뒤집을 때마다 기억이 지글지글 소리를 낸다

오늘 밤도
달은 호박 부침개처럼
하늘 위에서 익어가고 있다

글로벌 러브비치

지구는 오늘도 미열 중,
해변의 얼굴은 선글라스 하나면 족하다
세상의 반쯤 벗은 생각들이
여름 백사장을 점령하고 있었다

뜨겁다
누군가의 시선도, 모래알도
지워진 국적도

발가숭이 말고는 믿을 게 없었던 오후
언어는 다르지만 몸짓은 하나
썸은 국경을 묻지 않고
바다는 모든 감정을 염도만큼 짭짤하게 끌어안았다

파도는 누가 먼저 와도
먼저 밀어냈고
우린 그 틈에서 그냥 웃고, 튕기고 흔들렸다

물고기 떼처럼 펄떡이는 감정들이 비치 타월에 누워
지구의 한 여름을 통역하던 날
아무도 사랑을 말하진 않지만
다들 사랑에 젖는다

세상에 하나뿐인 엽서시 (외손녀에게)

하늘에서 별 하나
네 눈웃음 닮아 떨어졌다
밤이 길어도 그 별만 보면 따뜻해진단다

가끔 울어도 괜찮다
작은 별도 흔들리며 자란단다

할비 마음,
은은한 별빛처럼 네 뒤에 꼭 붙어 있다

너의 머리맡에 고운 리본 하나
묶어 두었다
알고 보니 별들이 실려 있는 리본이더라

무서운 꿈이 찾아오면 풀어보렴
반짝이는 별이 밝혀줄 거야

할비가 밤마다
달빛으로 다려둔 마음이니
살포시 안고 자렴

네 가슴에 보들보들한 주머니 하나
달아주고 싶다

그 속엔 별 두 알, 웃음 세 알
할아비 마음 한 자락
속상할 땐 열어봐라
네 마음 금세 반짝거릴 거다

주머니는 작지만
안에 든 건 하늘보다 크단다

어머니라는 계절

가을 바람이 불면
내 코 속에 가장 먼저 스며드는 건
풀잎도 낙엽도 아닌, 어머니였다

몸뻬바지 무릎에 밴 풀물은
논두렁에 흘린 초록 강물,
호미 자루에 스민 흙냄새는
세상 가장 오래된 향수

손마디에 새겨진 고단한 시간들은
굽이굽이 얽힌 강줄기처럼
내 기억을 적셨고,
나는 그 강에 얼굴 묻은 채
엄마란 이름의 별자리를 더듬었다

관절로 굽은 손이 내 볼 감쌀 때,
그건 흙도 땀도 아니었다
삶을 끓여낸 눈물로 피어난 향기였다

오늘도 나는
텅 빈 마당 감나무 아래에서
붉게 익어가는 가을,
어머니라는 계절로 물든다

11월이 묻는다

11월이 내게 물었다
지금 너는 몇 살이냐고
나무들이 대신 대답했다
"우린 지금 가장 붉은 나이야"

11월은 거짓말쟁이
단풍은 늙는다고 말하면서
가장 환한 옷 꺼내 입고
떨어진다고 말하면서
가장 높이 날아오른다

잎 하나가 내 손바닥에 앉았다
아직 뜨겁다
떨어지기 전에 자기를 끝까지 태운 흔적이다

나도 언젠가는
이렇게 뜨거운 채로
누군가의 손바닥에 앉고 싶다
하지만 나는 아직
내 색을 다 꺼내지 못했다

11월이 짧게 속삭인다
―서두르라 붉어질 시간이 길지 않다고

12월의 문턱이 다가온다
나는 이제야
내 이름의 불씨를 켠다

이상한 풍경화

까칠한 바람으로 옵니다
안고 싶은 마음이,
거울에 눌러앉은 씹던 껌처럼
단물 빠진 얼굴로 마주합니다

송곳처럼 튀어나온 말 한 줄기
단단한 허공에 바람 구멍을 만들고
구멍 속 과녁으로 돌을 던집니다

묵언 시위 중인 식탁엔
접힌 날개처럼 숟가락이 누웠고
부엌을 훔치다,
밥 짓던 연기만 속 타는지
문고리에 매달립니다

팔팔 끓던 민낯이
마음 가지 끝에 목멘 그네처럼
빈 바람만 흔들다
식어버린 국물 속으로 잠긴다

잔잔한 침묵이,
우리의 지난 순간들이 꽂힌 책갈피를 만났는지
두 속눈썹이 떱니다

멀면 그리운,
가까우면 까슬한
이상한 저녁 한 끼 풍경화입니다

차가운 온기 (구스다운)

그 부풀어 오른 가슴이
내 몸에 닿는 건,
목을 죄는 듯한 압박과 뼛속까지 스미는
차가운 속삭임이었다

허리까지 흐르는 희고 부드러운 깃털,
희미하게 흔들리는 눈빛은
더 흐릿해져 갔다

반복되는 생살의 아픔 속에 몸은
점점 더 앙상해져 가고
텅 비어가는 것은 나의 영혼

따뜻함 속에서 얼어붙는,
부드러운 털 속에 숨겨진 비명
너는 모를 것이다
그 슬픈 온기 속에서
숨이 차갑게 굳어간다는 것을

네가 누리는 따스함이
누군가의 고통으로 채워져 있다면
그 부드러운 솜털은
아무리 부풀어도 따뜻하지 않다는 걸
알까 모를까

나는 살아있고
여전히 누군가의 겨울을 감싸고 있다

분주하다

맨발 걷기에 나선 나는,
해방감에 기꺼운 발을 데리고 흙의 온기를 느끼며
제법 잔뿌리가 난 나무로 자라
황톳길을 따라 걸었다

수많은 발가락이 남긴,
이야기들이 선명하게 남아 입에 오르내린다
애기똥풀을 닮은 어린 발꿈치는
미래의 꿈을,
두꺼운 노인의 발자국은 삶의 무게를 이야기한다

맨발로 흙을 헤집으며
펌프처럼 뽑아 올리는 발가락 뿌리의 기운
저마다, 뭇나무들이 건강한 나무가 되자고 자란다

초록이 무성해지면
매미들 발바닥이 분주하다

쉴 새 없이 비비는 날개처럼
나뭇잎 사이로 전기면도기 돌리며
흙먼지 뒤섞인 여름날 정리하느라

휴일도 모른다
그들의 발은

디지털 해녀전

물안경 대신 스마트고글을 쓴 해녀
파도 속 데이터를 캔다

블루투스로 연결된 산소통엔
전복의 위치가 실시간으로 뜬다

심해엔
해녀들의 목소리가 저장돼 있다
"숨 고르고 들어가라"
"파도는 다 기억한다"

심박 센서가 안정 구간에 들자
그녀는 몸을 말아 넣는다

그때, 조개껍질보다 얇은
기억 하나 물속에서 반짝인다
그녀는 손을 뻗어 잊힌 시간을 따 올린다

해녀복 주머니엔
자잘한 소라와 도시로 떠나간 근심 하나

물 밖에서
어촌계장 언니가 인사한다
"수고하셨습니다
오늘도 숨비소리 챙기세요"

잠시,
방수팩 속 스마트폰
그녀를 한 컷 저장한다

뻥튀기

순이 얼굴 떠오르던 날
뻥튀기 앞을 지나다 눈물 펑 하고 터졌다

하늘도 함께 부풀었을까
그 소리에 놀라
돌아본 뒷모습, 하얀 리본 바람에 날리고
나는 그저 멍하니 서 있었다

그날 튄 옥수수알 한 톨
지금도 심장 언저리 톡 톡 치고 간다

입안에 넣은 어린 추억 하나
허기진 마음속에서
한 줌 시로 뻥— 고소하게 튀어 오른다

뻥튀기 아저씨는 오늘도
같은 자리에서 펑, 펑 추억을 터뜨린다

눅눅한 그리움도
뻥튀기 기계 안에서 노르스름 익어간다

한 봉지 가득 담아가는 사람들 속에
나도 섞여 집으로 돌아간다

주머니 속 뻥튀기 바스러지고
순이는 어디론가 사라졌지만

여전히 내 안에서
무언가 펑, 펑 터지는 소리가 난다

감정 다리미

속옷보다 가까운 말들 사이에
주름이 생겼다

무심코 던진 한숨 하나
구겨진 구석을 남기고
입었던 마음의 옷자락마다
작은 쭈글거림이 들러붙었다

그녀는 다리미를 꺼냈다
그러곤 확실한 열로 하나씩 눌러가며 말했다

"감정은 눌러야 펴지는 거야
적당한 온도에서
서로를 펴주는 연습이 필요하지"

나는 아무 말도 못했다
그녀 손끝에서 김이 피어오르고
어제의 꼬임,
그제의 뒤돌아선 발가락,
오래된 침묵이 조용히 펴지고 있었다

마음이란, 다릴 줄 알아야
다시 입을 수 있는 것이다

울음을 잊지 못한다

수만 년 맨발로 건너온 바람이
오늘따라 귀신처럼 머리 풀고 울부짖는다

무슨 곡절이 그리 많았을까
창틀 긁는 곡성들
지들끼리 한판 붙은 듯
방마다 통곡이 번진다

바람이 우는 건지
망자가 웃는 건지

한을 감춘 어느 어미의
낡은 사랑이 대숲처럼 운다

나는 그 울음 그냥 넘기지 못해
몸을 돌리고
숨을 죽였다

이 밤,
쫓기듯 지구 한 바퀴 돌아온 바람이
창가에 놓고 간
시, 한 자락

늙은 사랑,
오늘도 대숲 속에 서 있다

4부. 떠도는 마음

자꾸만 떠오르는 그림자,
그 속에서 내 마음이 머문다

노란 거래

나는 가을 길목에 떨어진
작은 노란 은행
내 속내는 숨길 수 없는 냄새로
코를 찡그리게도 하지만
그 또한, 내가 가진 오래된 진실이다
그러나 난 안다
이 노란 날갯짓 속에서
단단한 알맹이가 복리로 익어가고 있음을
누군가 피하고
누군가 나를 밟고 지나쳐도
나는 홀로
세상을 지키는 한 알의 씨앗
발길에 뭉개지는 순간에도
황금빛 속삭임은 누군가의 품에서
내년 봄을 위한 종잣돈이 된다
한 잎씩 흩날리는 노란 잎은
또 다른 뿌리를 살찌우는 밑거름
낮은 자세로 발소리 듣는 나는
그들의 지갑 속에서
익명으로 금리처럼 자라고 있을지 모른다
결국 삶이란
냄새를 외면하면서도
그 향에 중독되는 가장 오랜 거래다

단풍의 자백

나는 가을만 되면 수배되는 방화범

산동네마다 빨강, 주황, 노랑의 위장복 입고
화끈하게 가슴에 불 지른다
바람과 햇살, 파란 하늘은 내 공범,
그들이 돕지 않으면 폭죽 같은 색깔 절반만 터졌을 것이다

'산불 조심' 현수막은 장식일 뿐
산불지킴이는 관객,
119는 호스 대신 카메라를 들고 뛰어온다
나는 웃었다, 어찌나 순진한지!

낙엽이 바람에 뛰놀며
내 장난을 재치 있게 받아치고
햇살은 웃음으로 반짝인다

피해자는 없지만 모두 내 무대의 주인공
오늘도 나는 능청스럽게, 아찔하게
온산을 활활 태운다

조금 더 화끈하게,
조금 더 요란하게,
모두의 기억 속에 가을을 남기며
내년에도 수배될 각오다

홍시

꽃피운 봄날의 춤사위도,
청록빛 여름의 숨 가쁜 땀방울도

모두, 붉게 무르익는
내 사랑을 위한 긴 전주곡이었으리

한때는
떫은 혀끝으로 세상을 거절하는
오기도 있었지만
가을 햇살이 내 속살 깊은 곳을 파고들자

손길 하나에도 스르르 무너져
온몸으로 흘러내리는
가장 달콤한 항복

그것은 패배가 아니라
오랜 시간을 견딘 부드러운 지혜

내가 녹아내리는 순간,
누군가의 입 안에서 번지는 맛은
사랑이 도달해야 할
가장 깊은 붉음,

혀끝에 오래도록 머물러
삶이 끝내 전하려는
가장 따뜻한 서사일게다

마지막 계절

나는 이미 가을이었다
당신을 만났을 때,
초록으로 흔들릴 나이를 지나
조용히 물든 채로 당신 곁에 섰다

당신도 가을이었다
우리는 서로의 붉음을 보며 아무 말 하지 않았다
이미 알고 있었다
이것이 마지막 계절일지 모른다는 걸

하지만 그래서 더 뜨거웠다
떨어질 줄 알기에 나뭇가지를 더 꽉 붙잡았고
바람이 불 때마다 서로의 온기를 나누었다

늦게 타오른 사랑은 조심스럽다
한여름 폭염처럼 휘몰아치지 않는다
그저 스며들 듯, 천천히 깊어졌다

당신의 손을 잡으면
내 안의 붉음이 더 깊어졌다
우리는 서로를 태우지 않고 서로를 익혔다

그리고 어느 날,
바람이 세게 불면 우리는 함께 떨어질 것이다
하지만 두렵지 않다
가을의 붉음으로 살았으니,
겨울이 와도
우리는 흙 속에서 여전히 따뜻할 것이다

사랑은 영원하지 않아도 된다
완전히 익었을 때
함께 떨어질 수 있다면

순이와 부는 피리

여름이면 순이와 나는
옥수수 찔 무렵,
잎 하나 말아 댓닢처럼 피리를 불었다

찐 옥수수 하나 입에 물고는
소리보다 웃음이 먼저 휘익, 튀어나왔다

삐이 하고 길게 불면
뒷동산 햇살도 피리 소릴 따라 내려왔다

순이야
네 손등 흐르던 땀방울,
그게 지금도 내 여름을 울린다

지금은 옥수수 줄기만큼 키가 자랐지만
여전히 나는
그때 부르던 그 피리 소리
가슴 한켠 어딘가에서 꺼내 본다

너와 부는 피리,
그건 내 어린 여름이었다

노랗게 익은 웃음이고
지지 않는 시절의 노래이다

의리의 오형제

한평생 모든 책임을 진 채
구두 속, 슬리퍼 속, 구석진 좁은 곳에서
입 꾹 다물고 살아온
의리의 오 형제

무좀의 습격에도
티눈의 앙탈에도
말 한번 제대로 못 하고
까칠하게 터진 굳은살로
고통을 일기처럼 써 내려갔지

온종일 돌아다닌 날이면
분노하듯 쑤셔대고
다툰 날이면 막내가 먼저 울며 짜증 내지만

그게 다 몸 바쳐 살아낸,
너희만의 언어였다는 걸
이제야 안다

오늘도 너희 덕에
한 걸음, 또 한 걸음 세상을 나아간다

저녁엔 욕조에 몸 담그고
하루의 뒷얘기나 풀어보자

너도 왔으면 좋겠다

너도 왔으면 좋겠다
쏟아지는 빗줄기처럼

머뭇대는 감질비 말고
마른 논에 스며드는 논물처럼
내 안을 적셔주는 그런 비가 너였으면 좋겠다

허기진 흙냄새 속
비 그친 하늘이 가슴에 내려앉을 무렵

너도 왔으면 좋겠다

저만치 발갛게 물든
첫 단풍 한 장,
그 붉음 속에 숨은 떨림처럼

바람에 실린
가을로 내게 건너와 주면
참 좋겠다

공염불, 공약

선거판에 또 북이 울린다
입은 요란한 풍물패 같고
손엔 미로처럼 얽힌 약속 하나씩 들었다

큰절 올리듯 허리 꺾고
두 손 모아 읊조린다
"국민이 주인입니다"
하지만 눈은 벌써 기표소 넘어 청와대를 바라본다

말은 공양미 삼백 석이라지만
막상 남는 건
구멍 난 약속처럼 빈 쌀자루,
손때 묻은 숟가락 하나

큰절 끝나면 그들은 외투를 털고 떠난다
법당이 아닌 국회당으로
아무도 듣지 않는
빈 울림의 염불만 남긴 채

민(民)씨의 가슴에서
공염불 염주 하나 툭, 떨어진다

꽃잎

어디선가 불어온 봄,
네 입술이 지나간 자리마다
살갗처럼 얇은 꽃잎 하나
촉촉이 떨어진다

빛이 얼굴을 더듬고
바람이 향기를 스캔하면
나는 눈을 감는다
입술과 꽃잎의 경계가 지워지는 순간

이건 분명히
봄의 피부였다가,
너였다가

가벼워서 붙잡히지 않는 기억
눈동자에 젖은 색감만 남기고
사라지는 장면

넌 이제
꽃잎보다 더 얇은 말 한 장,
내 입술에 눌어붙어 있다

붉은 입술

단풍이 든 줄만 알았지
당신 입술이 그리 붉은 줄은
가을 와서야 알았다

한 잎,
바람에 떨리던 그 말
"가슴 아파요"

그 입술 끝 붉게 맺혀선
내 가슴에 후두둑, 잎이 졌다

그날 이후
낙엽 밟는 발소리에도
자꾸만 당신 목소리 묻어 나와

붉은 입술 한 줄에
사계절을 다 걸어두고
이 가을,
또 저 혼자 타오르고 있다

창고의 헛기침

우리 집 날씨가 흐릴 때면
자전거 하나,
삽을 메고 논으로 멀어져 갔다
등은 말이 없었고 그마저도 바람에 떠밀렸다

논두렁 손질하며
도시로 떠난 근심을 다독이던 날
물꼬를 터던 삽 끝에
등록금 같은 말 못 할 고지서들이
흙탕물처럼 따라 올랐다

어느 봄날엔
쟁기 끝에 막내 이름이 걸렸고
하루의 먼지를 묵은 햇살로 털어내고 계셨다

지금도 가끔 문을 열면
헛기침 하나 튀어나올 것 같은
주인 잃은 창고에는
당신 손때를 기억하는 농기구만
녹슨 얼굴을 하고 있다

그날따라 눈물 한 줌 들고 찾아갔더니
문 앞의 침묵조차
몸을 낮추고 있었다

문짝 하나
덜컥,
아버지 헛기침을 꺼낸다

가을 도시락

뚜껑 여는 순간
가을이 조심조심 숨을 풀었다

구운 김 한 장,
바람처럼 얇고 바삭하게 눕고
계란말이 단정히 접힌 노란 오후

소시지는 두 볼 발그레하게 익어
도란도란 웃고 있고
조그만 멸치 볶음은
마치 선생님 눈치 보는 우리들 같았다

가장자리에 얌전히 앉은 단무지,
그 노란 단무지가
왠지 순이 얼굴처럼 느껴졌던 그날

숟가락 한 번 뜨기도 아까웠다
가을을 흘릴까 봐
도시락 속에 담긴
그 오밀조밀한 첫사랑이
목구멍을 간질이며
아직도 출석을 부른다

별 훔치는 할아비

낡은 고무신 신은 밤이
허리 굽은 달빛을 끌고 옵니다
할아비는 손자의 꿈자락을 걷어 올려
별 하나,
숨소리처럼 따냅니다

이건, 엄마 품에서 놓친 첫 울음별
젖비린내 묻은 이마별
할멈이 마지막으로 건넨 기다림 별

별은 종이학처럼 접혀
작은 손 안에 스르르 펼쳐집니다
그 애가 잊지 말아야 할 이름들
모서리마다 반짝이지요

할아비는 말 대신 별을 심습니다
밤마다, 조금씩 조금씩
손자라는 밭에
반짝이는 물음표를

더 맞아 봐

치면 튕기고,
때리면 튀어 오르는
팽이 하나,
저렇게 삶도 버텨내는 중일 것이다

진흙탕 같은 밑바닥에도 길을 그리는 건,
맞고도 돌아야 사는
유전자 발가락 있기 때문일까

골목 끝에서 몇 번이나 얻어맞고도
그저 웃을 뿐이다
맞을수록 속은 더 단단해지고
속도는 멈추지 않는다

흔들리는 건 살아가는 일
어지럼도 결국엔
중심을 찾아가는 동선일 테니

더 맞아 봐,
두들기는 세상 몽둥이질이
작은 몸 하나로 우주만큼의 궤도를 만든다

팽이는 알고 있다
멈추는 순간이
진짜 쓰러지는 순간임을

아쉬움

늙은 고목 벚나무도
숨을 끌어모아
애기를 출산하듯이 한바탕,
봄을 토해냈지요

동네 어귀가 환해졌는지라
참말 이쁘고 자랑스러웠구만

그런데요
눈 깜짝할 사이에
발등 위로 내리앉는 꽃잎들 보니
속이, 어째
주저앉듯 서늘해지더이다

그렇게 힘겹게 피운 사랑도
저리 후드득 지는 걸 보면
벚나무도, 사람도
참말로 가엾고 기특하고
또, 속상하고

누구처럼
짧은 탄성 한번 울리고
돌아서고마는 그 조루 같은 봄날이
원망스럽구마

나는 뚝배기

처음엔 그냥, 투박한 그릇일 뿐이었지

근데 어느 날부터인가
사람들이 나를 보고
눈을 풀고 앉더이다

눈물 두 스푼,
한숨 한 줌
슬쩍 나한테 쏟아붓고는
말도 없이 젓가락을 든다

속이 다 타 들어간 사람일수록
내 속에서 뭔가 다시 끓기 시작한다

나는 말 없지만 속 깊은 놈이라
무너진 마음도 살며시 데워줄 수 있다

가끔은 사람들이 내 안에서
잊어버린 이름을 꺼내 울더이다
그러면 나는 그냥
조금 더, 더 오래 끓을 뿐이지

"많이 묵으소"
사장님 한마디에
나는 또
한 사람의 오늘을 품는다

노안

신문 활자가 밀려난다
검은 줄들이 물결처럼 일렁인다

한참을 눈을 찡그리고 나서야
문장이 겨우 모양을 찾는다
글보다 눈물이 먼저 흐릿하다

돋보기를 쓰면 세상이 한 뼘 가까워진다
그러나 내 얼굴이 그만큼 멀어진다

거울 속 나는
나를 똑바로 보기 위해 고개를 뒤로 젖힌다
그때마다 낯선 이가 고개를 든다

책 한 줄, 영수증의 숫자,
포장지의 유통기한까지
모든 것이 조금씩 나를 떠나가고 있다

이제 나는 보이지 않아도 믿어야 하는
시절에 들어섰다

돋보기 벗으면 세상이 다시 흐려진다
이렇게 흐려야
조금 덜 두렵다

가슴에 남은 꽃

꽃처럼 피었다가
한순간에 무너질 마음이라면
차라리 종자일 때 그쳤어야 했다

그런데 왜
이렇게 선명한 채색으로 피었나요
향기까지 품고
마음 지도 가장자리에 뿌리를 내리다니

물 한 방울 자비도 베풀지 않았는데
그 꽃은 저만치 태양을 흉내 내며 자라고
나는 그저 손도 대지 못한 죄로
눈빛만 떨고 있는데

가까이 가면 향기에 베이고
멀어지면 그리움에 앓는
그 꽃,
이쯤 되면 꺾이기 싫은 고집인가요

이제는 제발
더는 피어나 나를 애태우지 마세요
아니면 통째로 내 화단으로 이사 오든가

꽃도 사랑도
한 발짝 물러서야 보이는
가장 위태로운 아름다움
그것이 기다림이다

서리처럼, 당신

당신이 내린 밤은 소리가 없었다
하얗게 내 안의 모든 모서리를 덮으며

새벽녘 창문에 입김을 불면
당신의 이름이 천천히 사라졌다
그렇게 당신은 얼었다 녹기를 반복했다

우리는 김 서린 유리 너머로 서로를 바라보았다
손을 뻗으면 닿을 것 같았지만
한 겹의 차가움이 가로막았다

말할 수 없는 것들이 입 안에 얼어붙었다
토해낼 수 없는 얼음 조각들
목구멍에 쌓여 점점 무거워졌다

어느 날 당신은 떠났다
발자국 위로 눈이 내렸고
하얗게 지워진 그 자리에 난 오래 서 있었다

지금도 가끔 추운 밤이 오면
당신이란 서리가 내 안에 내려앉는다

차갑게, 하얗게
녹지 않는 온도로

겨울이 끝나도
당신은 여전히 얼어 있다
내 안 가장 깊은 곳에서

계단

층계 몇 칸이 이렇게 길었나
숨이 먼저 올라가고
몸이 따라붙는다

예전엔 두 칸씩 뛰어오르던 발이었는데
이젠 손잡이를 잡고서야
겨우 중턱이다

난간의 차가운 쇠 맛이 손바닥에 눌어붙는다
심장은 작은 망치처럼 계단마다 나를 두드린다

오르는 일은
이젠 운동이 아니라 회상이다
한 칸, 또 한 칸
젊은 날의 호흡을 추억하며
천천히 늙어간다

문 앞에 다디를 때면
숨은 이미 문턱을 넘었다

내려가는 일도
이젠 조심스럽다
삶이 자꾸만 미끄러지려 한다

가을이 수작을 걸다

감나무 한 그루,
담장 너머 말없이 익어가는 중이다

붉게 물든 잎들 사이
가을이 고개를 내밀며
"너도 익어가니?"
혼잣말처럼 한마디 건넨다

된장 냄새 밴 저녁연기에
고추잠자리 몇 마리 말없이 눈치를 굴린다

지붕 끝 햇살 한 점,
수세미꽃처럼 말갛다

논둑길엔
누가 풀어놓은 낡은 수건처럼
볕이 널브러져 있고
참깨 터는 할매의 등짝엔
가을이 슬쩍 손을 얹는다

울타리 너머 들깨 잎 사이로 퍼진
이상한 소문 하나
귀가 근질근질해진 허수아비 어깨 들썩이며
허공에 실없는 웃음 한 자락 흘린다

아무 일도 아닌 듯
슬그머니 늘어지는 오후,

지붕 위 고양이 수염 슬쩍 건드려 놓고
가을은 오늘도
수작 하나 더 걸듯
담을 넘는다

문득, 내 안의 가을이
한 잎 물든다

말 못 한 연애

말 한마디면 달라졌을까

눈빛으로는 며칠째 고백 중이었는데
그 애는
친구 놈 옆에서 웃고 있었다

내 마음
모를 리 없을 텐데
"그냥 친구지?"
묻던 말에 그저 웃기만 했던 나

참, 그땐 왜 그리
입은 무겁고 눈치만 밝았던지

가끔은 지금도
그때 그 자리로 돌아가
한 마디
'좋아한다'
쑥 내뱉는 상상을 한다

떠나간 버스에 매달린
손수건 같은
마음이 될까 봐
지금은, 입부터 앞선다

5부. 남겨둔 여운

채운 것보다 남겨둔 것이
아름답지 않으냐고 묻는다

총잡이의 밤

한밤,
습관처럼 일어난 총잡이는
꽉 찬 고속도로를 운전하다
전립선 톨게이트에서 교통체증에 시달린다

총잡이는 축 처진 권총을 꺼내 들지만
방아쇠는 무겁고,
조준은 흐릿하다
(이게 다 전립선 때문이지)
속으로 욕을 짜내며
힘주어 다시 기어를 밟는다

어떤 밤은 총알이 미끄러져 벽을 긁고
애꿎은 변기 밖 타일만
찔끔, 적신다

명중의 쾌감은 줄어들고
쏘다 마는 오발탄만 남아
잔탄처럼 멍하다

'전립선 비대증'
나이 들면 다 그렇다 하지만

가끔은 몸속 장기 하나가
소풍 길까지 막히게 하는 법

빗나간 총성 위에
물소리 하나,
조용히 작별을 그으며 지나간다

삶의 벌초

예초기를 메고 묵은 묘소 앞에 섰다

내가 베어내는 것은 푸르게 엉킨 잡초만이 아니다
내 마음 속에서 돋아난
그늘진 갈증과 오래된 흔적까지
조심스레 잘라냈다

예초기 날이 깊숙이 스며들자
숨은 벌집이 흔들리고
검은 소란이 날개를 치며 터져 나왔다
비명을 삼킨 채
지난날의 그림자가
내 안을 바늘처럼 스치고 지나간다

고통이 물러난 자리엔
다시 낫을 들고 뿌리까지 다듬는다
남은 미련은 잎사귀처럼 눕고
햇살이 스며드는 삶의 속살이 드러난다

예초기 엔진 끄고
묵묵히 돌아선 베어낸 자리에는
헛된 욕심의 그늘 대신
가장 솔직한 햇볕이 깔린다

삶과 죽음이 나란히 잠든 자리,
가을빛은 가장 맑은 진실로
스스로를 잘라내야만
다시 돋아난다는 듯
속삭인다

신선대, 시 한 줄 낚다

저기, 바다를 보고 앉은 바위
오래전 누가 놓고 간
신선의 마음자리

그 위에
나는 오늘 낚싯대 아닌 연필 하나 세운다

갯바위 틈, 조개껍데기 사이로
한 줄 시가 숨어 있다
미끼는 바람, 찌는 햇살
입질은 고요다

까마득히 내려다보이는 물빛,
그 속에서 시간은 머리칼처럼 풀어져 떠다니고
해초처럼 느릿한 상념이
나의 문장을 유영한다

낚은 것은 물고기가 아니라
오늘의 침묵 한 자락,
가슴에 꾹꾹 눌러 담은 은유 한 마리

바다는 아무 말이 없지만
시 한 편,
가만히 눈물짓는 눈빛으로 건져 올려준다

오늘도 신선대엔
한 사람이 앉아 있고
한 줄의 시가
먼 수평선 너머로 천천히 헤엄쳐 간다

국향의 배웅

느닷없이 날아온 비통함 안고
허망하게 굳은 가슴이 달리는 차
창밖은 초점을 잃어버린
뿌연 눈빛에 그저 황량하기만 하다

푸르던 청춘도,
뜨거운 사랑도,
쌓아온 희망과 부귀영화도
모두 한 조각 허망한 꿈이었나

한 올 한 올 모진 삶을 엮으며
살아온 세월,
무심한 향불에 어찌 그리 훌훌 벗어 던지고 가노
참, 못난 사람아

시린 코끝을 흔드는
그윽한 국화 향이 무정하다

한 바퀴 강산을 굴릴 때까지
함께 즐겨 놀자던 언약은 어디 가고
홀로 남은 사랑은 또 어쩌라고
살갑던 정 두고 가셨나

가신 곳 좋은지,
빙긋이 웃고 있는 친구를 남기고
돌아서는 등을 다독이는
국향의 배웅으로
문을 나설 때

밤하늘 빗물 한 방울,
눈시울을 툭 건드린다

호박잎, 고운 얼굴

호박잎은 루즈 칠하고, 분 바르고
레깅스 입고 꾸미지 않아도

시골 마을 툇마루에
묵묵히 김치찌개 앞에 앉아 있는
고향 누이 같고
된장국 냄새 풍기는 어머니 같았다

맨살 그대로 햇살의 잔소리를 견디며
벌레 몇 번쯤 들이받아도
속 한 번 뒤집지 않는 심성이었다

누구는 털이 거칠다 했지만
그 결마다
애틋하고 부드러운 마음 하나씩 감춰두었다

호박잎 하나에
된장 삼장 한 숟갈이면
배고픈 여름 한 그릇
뚝딱, 엄니 손맛으로 꿀꺽 삼켰다

그 잎 한 장
누이의 마음 같고,
어머니 무릎 같아서
입에 넣기 전, 속부터 눅눅해졌다

손등을 가만히 덮어주던
여름날 손길처럼,

지금도
호박잎 한 장이면
그 시절 밥 한 그릇 먹은 듯
가슴 포근하다

발효되는 가족사

기웃거리던 겨울이 성큼 다가서자
마을 텃밭마다,
성장통을 이긴 푸른 절기들이 노릇노릇 속이 꽉 차고
입동을 견뎌온 고소한 이웃 이야기로 소곤대면

하얀 대설을 건너온
토종 천일염의 흰 생각을 한 줌씩 빌려
한 뼘이나 체적을 줄인 결구들에
울긋불긋 색동옷을 입혀가는
십이월,

한 해 노동을 마무리하던
겨울 햇살이 잠시,
전봇대에 걸린 낮달처럼 머뭇대는 시간
객지로 떠난 반가운 사연들이
속속 이가네에 속달로 배송 되었고
동구 밖 외로운 느티나무같이 늙은 거실도
모처럼 화색이 돌았다

분주한 고무장갑들이
일상의 에피소드를 양념으로 풀어놓고
얼큰하게 우려낸 정담과
짭조름한 액젓 미소로
걸쭉하게 절은 가족사를 치대며
맛깔나게 버무린 숙성된 향기는,

저마다 간직한 항아리 속에서
한 뼘 더 깊어진 겨울밤,
푸근한 웃음을 던지며 나누는 사랑 속에
잘 발효된 삶의 영양가로
김장독처럼 푹, 익어갈 것이다

수리 중인 마음에게

몸도, 마음도 오래 쓰다 보면
기둥이 삐걱거리고,
어디선가 물이 새기 마련
우리는 저마다 집 한 채 짓고 고치며 살아갑니다

나는, 오랜 부품 하나 탈 난
친구를 문병하며 마음속에 글 한 줄 새깁니다

그도 허물어져 가는 집 한 채
오래 품고 살았지요
묵은 세월 속, 눌러앉은 삶 끝에
어느 날
물탱크에 녹슨 옹이 하나 터졌고
집은 지금 '내부 수리 중' 팻말이죠

문득, 우리는
모두 어딘가 수리 중인 생각이 들었습니다
사랑도,
우정도,
심지어 웃음까지도
잠시 접고 쉬어야 할 때가 있는 법

쉼과 회복의 시간을 응원하며
붕대처럼 헐렁하지만
따뜻한 말을,
시 한 줄로 그에게 덧댑니다

느티나무 장기판

느티나무 정자 아래
백전노장들이 펼치는 전략의 연대기
손끝에 쥔 알맹이 하나,
움찔이면 사활을 가른다

한때는
졸卒이 말馬도 타고, 상象도 타고
포砲도 쏘고, 車도 몰고
삶의 전장을 누비던 병사

지금은
장군! 소리 대신
콧등 위로 흐르는 땀방울이
묵은 생을 툭, 내려놓는다

한 칸, 또 한 칸
바둑돌 굴러가듯
오늘의 불안도 둥글게 말아 다듬는 중이다

정적 속에서
가끔 불쑥 튀어나오는 웃음,
욕설 아닌 애정 섞인 훈수 한 수다

장기판은 오늘도
퇴역한 전사들 마음,
일렬횡대로 정렬시키고 있다

비우지 못한 날들

나는 고요 속의 폭풍이다
전원만 누르면

내가 삼킨 건 먼지만이 아니었다
뛰어다니는 거실 뉴스,
식은 밥풀과 흘린 말
그들이 흘려놓은 하루치의 실수도 죄다 흡입한다

간밤의 다툼 흔적도
발끝에 묻은 후회의 티끌도
털지 못한 감정의 실밥도
줄줄이 나를 타고 들어온다

나는 오늘도 삶의 티끌을 흡수하고,
남의 고민도 꿀꺽 삼켜왔다

일을 마치면,
구석에 정좌한 채 숨 고른다
내 속엔,
잘 말리지 못한 어제의 후회들
꺼내지 못한 말들이 얽혀 있다

언제쯤일까
누군가
내 욕심보를 싹 비워줄 날은

하얀 물음표

이름을 잃은 꽃이 있습니다
하얀 꽃잎에 스민 시간들
누군가의 이력이 하나둘, 바람 속으로 지워졌습니다

잎맥을 타고 흐르던 기억은
햇살 아래 바래지고
남은 건 그늘진 마음 한 조각뿐입니다

지나간 온기도
이제는 손끝에 닿지 않습니다
누구였을까요, 나는
이 꽃은 어디서 왔을까요

하얀 꽃잎 위
물음표가 피어납니다

그럼에도
누군가의 눈길을 따라
잠시, 미소를 지어봅니다

요양원 창 너머
백장미 한 송이
고개 들어 두리번거립니다

흔들리는 삶을 싣고

덜컹이는 인생,
삶의 바퀴 하나에 출렁이는 세월을 매달고
나란히 누운 철길을 두드리며
낡은 바람은 가을을 헤집는다

창밖은 번지는 수채화,
농부의 굳은 손바닥 위로
익어가는 황금물결이 파도친다

소슬바람 흩어지고 난 자리,
갈색 그리움 한 줌 묻힌
푸르던 잎들은 슬쩍, 붉게 터진다

삶이 지나간 길목마다
노을빛 그림자들이 주렁주렁 매달리고,
투명한 유리창엔
낡은 추억이 영사기처럼 흔들린다

붉은 저녁에 걸린
목소리 하나,
"아, 테스형―"
귓가를 뚫고
가황의 메아리가 동대구 도착 멘트를 뚫는다

우리는 흔들리는 시트를 끌어안고
바스락거리는 세월을 지고 간다

저기 먼 곳에도,
누군가 삶을 실어 나르고 있겠지

장마, 사람을 닮다

구름을 오래 삼키던 하늘이
마침내 꾹, 눌러 울음을 쏟는다
사람도 그렇지요
참고 참고, 그러다 어느 날 후두두
쏟아내지 않습니까

장마는, 참
사람을 닮았습니다
울다 웃다, 또 울다가 웃고
그러고도, 살아갑니다

빨랫줄에 나부끼던 기억들
하나둘 젖어들고
장독대 뚜껑 소리도 괜히 가슴을 두드립니다

장마는, 참
사람을 닮았습니다
젖은 마음을 가진 채로도
햇살을 기다립니다

꿉꿉한 바람 사이로
말 한마디 삼킨 어머니 얼굴
습기처럼 스며듭니다

장마는, 참
사람을 꼭 닮았습니다
무심한 듯 쏟고는 아무 일 없던 듯
햇살로 돌아오지 않습니까

빨래의 법칙

햇살이 마당에 눕는 오후
그녀는 빨래집게로 바람을 조율하고 있었다
젖은 옷 하나하나
가벼운 법칙처럼 빨랫줄의 중력에 걸어둔다
나는 그 뒤에서
바스락거리는 셔츠처럼 조용히 말려가고 있었다

소매 속에 남은 물방울을 눈물이라 말하고
헹굼의 횟수로 하루를 측정하던 그녀
세탁기 앞에서 먼지를 거르고 마음을 탈수하며
한때의 오해와 침묵을
섬유유연제처럼 풀어내곤 했다

가끔은 바람이 묽어져
한쪽 구석에 눅눅해진 감정이 덜 마른 채
구겨지기도 했지만
그녀는 말했다
"마음이란 건, 제때 말리지 않으면 냄새나거든"

나는 그 말 지금도 기억한다
햇빛보다 똑똑한 진실이다

달빛 한 잔

오늘도 하루,
둥글게 찌그러진 마음 하나
막걸리 잔에 말아 마신다

한 모금 삼키니
골목 끝, 오랜 우물처럼 고인 달빛 한 조각
술기운 따라 속살을 채운다

달도, 사람도
속이 허해야 빛나는 법
그는
잔 속에 허연 웃음을 띄운다

입가에 맴도는
말 못한 사연 몇 점
달빛에 젖어,
오늘도 찰랑거리는 밤이다

시름에 젖은 하루도
혓바늘처럼 쓰린 속도
달빛 한 잔에 젖어 허옇게 녹는다

다른 이름과 웃다가도

가끔은,
너 아닌 다른 들꽃을 바라보다가도
저물녘이면 노을처럼
너란 꽃이 가슴에 피어나고

아주 가끔
너 아닌 이름과 걷더라도
내 안에선 너란 달이 떠올라
함께 걷는지 몰라

그 때문일까
하늘을 올려다보면
네 눈빛 닮은 별이 반짝이고
너처럼 밝은 둥근달이
저리 웃고 있는가 보다

아주 가끔,
다른 이름과 웃다가도
네 입술 끝에 남는 떨림이 누군지
알면 좋겠다

펄떡이는 말들

회칼이 지나간 자리마다
붉은 말이 튀었다

펄떡이던 말,
숨죽은 눈빛,
비린 기억들이 비닐봉지 담겨 자갈치 나갔다

"살아 있는 거요?"
누군가 묻는다
물고기 대신 내 오늘이 대꾸한다

바닥에 스민 바닷물 속엔
자갈보다 단단했던 말들
지느러미 잃고도 아직 펄떡인다

나는, 제 집을 떠도는 소라게처럼
내 집을 자꾸만 갈아타며
살아간다

이국의 용접 불꽃

튀는 불꽃 속에 익명의 이름 하나 새긴다
고향 하늘의 별들보다
더 많은 별이 튀어 오르는 여기,
조선소

어깨 위 언어는 무겁고
이마엔
땀방울 대신 지워지지 않는 얼굴들이 맺힌다

휘어진 허공에 매달린 사원 아파트 불빛
저마다의 캄캄한 창문마다
가족의 웃음소리 메아리친다

오늘도 달아오른 철판처럼 속 태우는 밤
이따금 한국말처럼 서툰 잠이 들면
꿈속에선 고향 흙냄새가 퍼진다

새벽,
다시 철골 사이로 스며드는
낯선 발자국 소리
지친 걸음마다
머나먼 작은 집 한 채 울컥인다

시야검사

동공을 고정하라 했다
깜빡일 틈 없이 불빛이 깜빡거렸다

눈이 아니라
내 마음이 시야를 잃고 있다는 걸
그제야 알았다

좁아지는 건 시야가 아니라
누구도 듣지 않으려는 말들
다르게 보는 눈을 허락하지 않는 시대의 공기

놓치고 놓쳐서
나도 나를 못 보게 되는 병

"보이면 버튼을 누르세요"
간호사는 말했다

나는 아무것도 안 보이는데
자꾸 버튼을 누르고 있었다

혹시,
이 어두움 속에
가짜가 아닌 당신이 보일까 봐

처음 가는 길

이정표도 없고 주소지도 없는 길
오늘 또 걷는다

네비 찍어봐야
"경로를 재탐색합니다"
되뇌이는 이 길,

어릴 땐 무작정 뛰어도 신기했고
젊을 땐 어디든 가슴 뛰었다
근데 요즘은 걸어가는 이 길이 짧다 해도
자꾸 쉬어 가도
힘이 부친다

처음 가는 길이라
두렵기도 하고
한켠은 괜히 설레기도 한다

괜찮다
이 길 끝에 누가 손 내밀어 주면
그 손 한번 꽉 잡고,
아무 말 없이
잘 왔다
그 한마디면 족하다

시 한 줄 주섬주섬 챙겨 들고
처음 가는 낯선 길,
실실 웃으며 걷는다

장승의 등

마을 어귀에 서 있던
천하대장군 같은 아버지의 등

왕방울 눈, 주먹코, 툭 튀어나온 광대뼈
"오지 마라!"
세상의 근심을 막아내던
우리 집 수호신의 표정이었다

굽은 등나무 같은 그 등짝엔
가족의 좌표가 새겨져 있었다

나는 한 번도 보지 못했다
그 등에 누가 '슬픔' 두 글자를
낫으로 새겨 넣었는지

어릴 적,
뒤에서 바라보면 말 없는 나무 한 그루 같았다
땀 냄새보다 짙은
묵은 울음의 향이 났다

어느 날, 그 장승이 쓰러질까 두려워
몰래 아버지 등에 기대어 빌었다
"아버지, 평안하세요
길 잃지 않게 오래 그 자리에 있어 주세요"

그때,
그의 등에서 가장 빨리 마르는 물기가
파르르 맺혔다 사라졌다

그 물기,
우리 가족에게 속삭였다
"괜찮다, 돌아가도 좋다"

너. 라. 서

비 오는 날
우산을 접고 그저 젖고 싶었던 건
너. 라. 서

모진 말 끝내 삼키고
돌아서다 다시 돌아본 것도
너. 라. 서

그리움이라는 말보다
더 오래 가는 이름,
너. 라. 서

내 안의 계절이 한참을 머물던 이유도
가슴 한쪽 한 번씩 저민 것도

모두 다
그 세 글자 때문입니다

너. 라. 서

귀의(歸依)

낮은 돌담에 기대어
긴 그림자 하나가 제 몸을 접는다

멀리 떠났던 시간들이
하나둘 발자국을 거꾸로 걷는다

손을 모아본다
기도가 아니라, 돌아온 숨을 맞이하듯

이름을 잃은 나무와
바람과
늦은 햇살이 나를 알아본다

누구도 부르지 않는데
어딘가에서 문이 열린다

돌아온다는 건
다시 처음의 고요로 기울어지는 일

이제 나는,
나에게로 귀의한다

에필로그

언젠가

당신의 하루에도

조용히 스며드는 빛 한 줄이 있기를

숨은 여백 속에서

살짝 미소 짓는 마음으로

사람은 결국,

돌아가 손이 된다

여백에 세 든다
- 비워둔 자리의 숨결 -

정기현 시집

2025년 12월 10일 초판 1쇄
2025년 12월 12일 발행
지 은 이 : 정기현
펴 낸 이 : 김락호
디자인 편집 : 이은희
기 획 : 시사랑음악사랑
연 락 처 : 1899-1341
홈페이지 주소 : www.poemmusic.net
E-Mail : poemarts@hanmail.net

정가 : 12,000원
ISBN : 979-11-6284-627-8

저작권자와 맺은 특약에 따라 검인은 생략합니다.
잘못된 책은 교환해 드립니다.